CW01497388

1 MONTH OF
FREE
READING

at

www.ForgottenBooks.com

By purchasing this book you are eligible for one month membership to ForgottenBooks.com, giving you unlimited access to our entire collection of over 1,000,000 titles via our web site and mobile apps.

To claim your free month visit:
www.forgottenbooks.com/free615922

* Offer is valid for 45 days from date of purchase. Terms and conditions apply.

ISBN 978-0-666-89481-6
PIBN 10615922

This book is a reproduction of an important historical work. Forgotten Books uses
state-of-the-art technology to digitally reconstruct the work, preserving the original format
whilst repairing imperfections present in the aged copy. In rare cases, an imperfection in
the original, such as a blemish or missing page, may be replicated in our edition. We do,
however, repair the vast majority of imperfections successfully; any imperfections that
remain are intentionally left to preserve the state of such historical works.

Forgotten Books is a registered trademark of FB &c Ltd.
Copyright © 2018 FB &c Ltd.
FB &c Ltd, Dalton House, 60 Windsor Avenue, London, SW19 2RR.
Company number 08720141. Registered in England and Wales.

For support please visit www.forgottenbooks.com

I. — LE SUPPLICE DE LA VESTALE.

(Musée de Nantes.)

Ce charmant tableau est une œuvre de jeunesse de Baudry, qui l'éxécuta, vers 1852, pendant son séjour en Italie. On y remarque déjà les qualités de fermeté et de grâce qui furent la caractéristique du peintre.

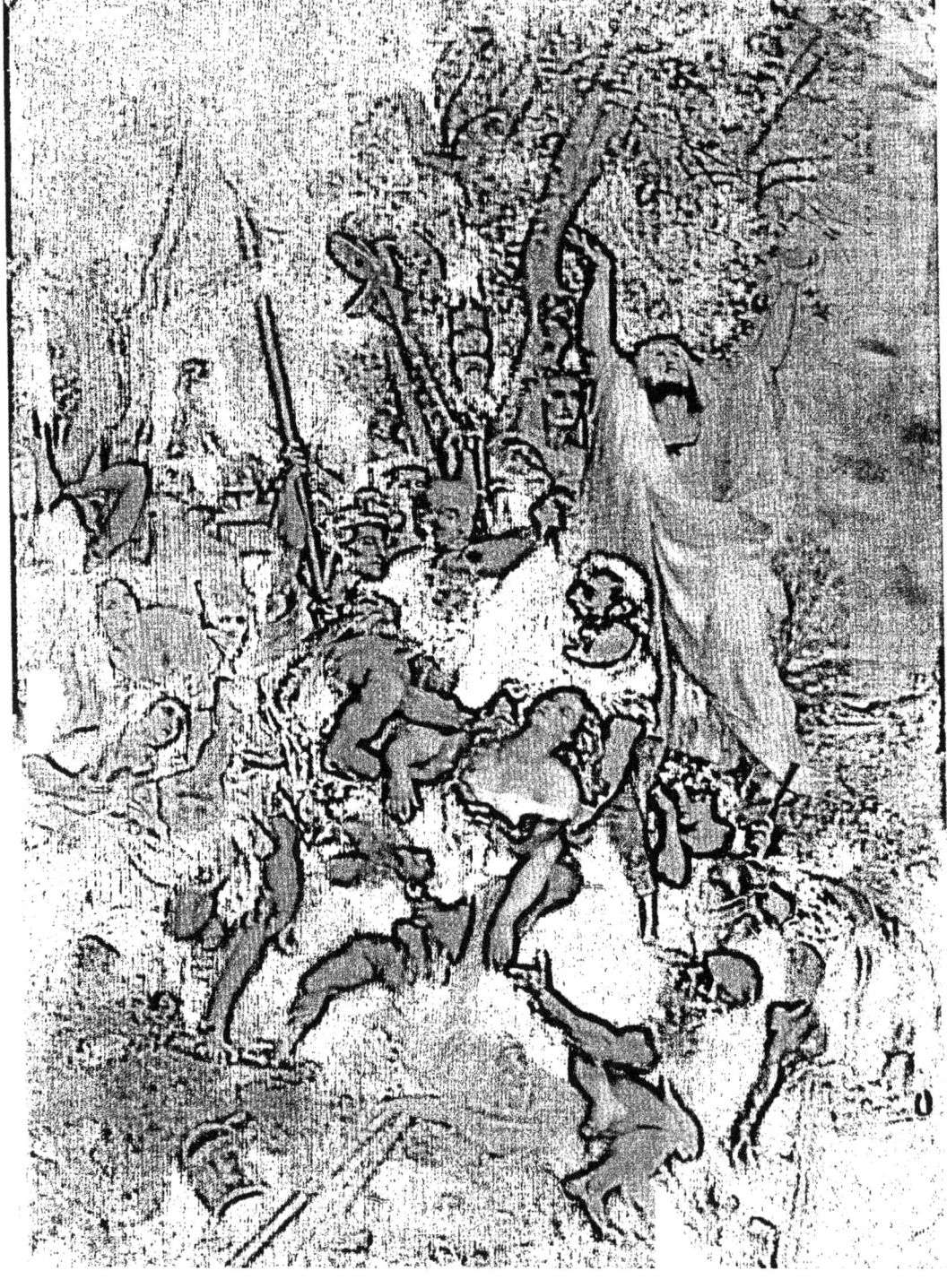

PUBLIÉS SOUS LA DIRECTION DE

M. HENRY ROUJON

DE L'ACADÉMIE FRANÇAISE

SECRÉTAIRE PERPÉTUEL DE L'ACADÉMIE DES BEAUX-ARTS

Paul Baudry

HUIT REPRODUCTIONS FAC-SIMILE EN COULEURS

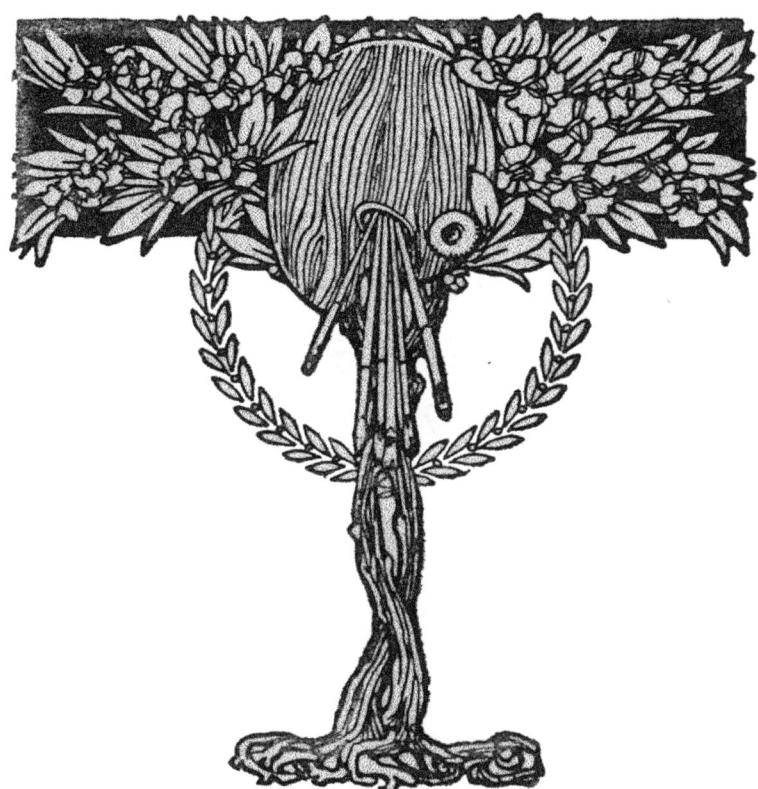

PIERRE LAFITTE ET Cie

ÉDITEURS

90, AVENUE DES CHAMPS-ELYSÉES, PARIS

ND
553
.B4 P37
1912

TABLE DES MATIÈRES

TABLE DES ILLUSTRATIONS

POUR PARAITRE LE Ier DE CHAQUE MOIS :

ALBERT DÜRER.

HENNER.

GOYA.

LE BRUN.

LOUIS DAVID.

BASTIEN-LEPAGE.

PHILIPPE DE CHAMPAIGNE.

DECAMPS.

ROSA BONHEUR.

FANTIN-LATOUR.

DÉJA PARUS :

VIGÉE-LEBRUN.

REMBRANDT.

REYNOLDS.

CHARDIN.

VELASQUEZ.

FRAGONARD.

RAPHAËL.

GREUZE.

FRANZ HALS.

GAINSBOROUGH.

L. DE VINCI.

BOTTICELLI.

VAN DYCK.

RUBENS.

HOLBEIN.

LE TINTORET.

FRA ANGELICO.

WATTEAU.

MILLET.

MURILLO.

INGRES.

DELACROIX.

LE TITIEN.

COROT.

MEISSONIER.

VÉRONÈSE.

PUVIS DE CHAVANNES.

QUENTIN LA TOUR.

H. ET J. VAN EYCK.

NICOLAS POUSSIN.

GÉROME.

FROMENTIN.

BREUGHEL LE VIEUX.

GUSTAVE COURBET.

LE CORRÈGE.

H. VAN DER GOËS.

HÉBERT.

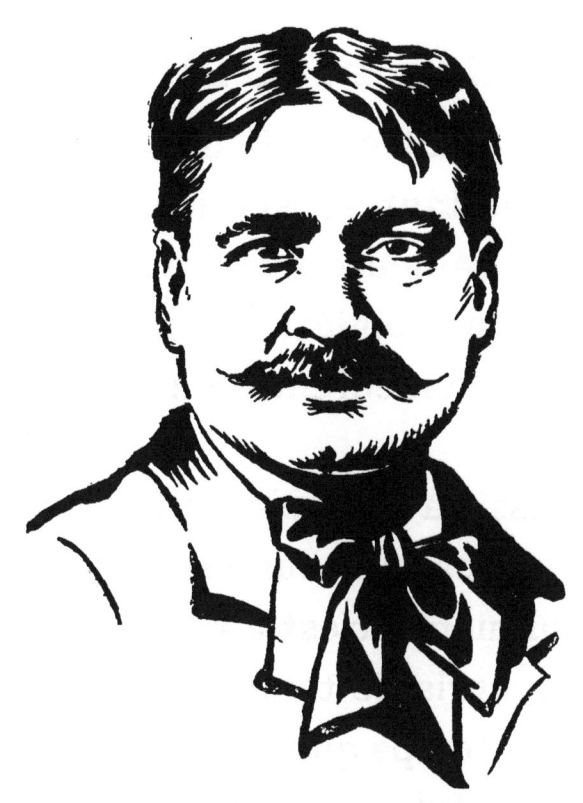

PAUL BAUDRY

PAUL BAUDRY, disciple respectueusement fidèle et attendri de la Renaissance, émule fervent du Corrège et des grands Vénitiens, reste l'une des plus hautes, l'une des plus pures gloires de l'École française au dix-neuvième siècle.

Peintre à la fois savant et inspiré, il se créa,

au contact des maîtres italiens, sa noble per-
sonnalité en mettant au service d'une vision
nette, ferme et radieuse du Beau une foi, une
persévérance, une opiniâtreté qui furent admi-
rées de tous et demeurent éminement exem-
plaires.

Baudry réussit à s'astreindre à la plus rude
discipline, à puiser aux sources de l'esthétique,
en restant lui-même, c'est-à-dire un Français
très moderne, épris de toutes les grâces civi-
lisées en même temps que des antiques formes
harmonieuses. Nul n'est parvenu, comme le
coloriste délicat et le séduisant évocateur de
Léda, de *Diane suprise,* de *la Toilette de Vénus* à
faire resplendir dans les scènes mythologiques
et allégoriques toute la sereine magnificence
d'un idéal contemporain.

D'un tempérament courageux et d'une foi
robuste, Baudry s'efforça, peut-être avec excès
quelquefois, au risque de perdre sa vigueur

originale, d'atteindre la perfection dans le charme, dans la plus exquise élégance. Il y parvint, comme peintre des déesses nues et ravissantes, de la femme et de l'enfant, comme décorateur prestigieux, plein de ressources.

Précisément son œuvre vaste et superbe de décorateur, en particulier la plus connue, les peintures qui ornent splendidement le Foyer de l'Opéra, en donnant au nom de Paul Baudry le plus légitime éclat, l'a révélé au grand public sous un jour un peu particulier.

Il importe que Baudry soit encore mieux et plus complètement connu de tous. M. Eugène Guillaume, son collègue à l'Académie des Beaux-Arts, qui lui consacra, il y a quelques années, une intéressante notice, après avoir vanté la dignité de sa vie et l'importance de ses œuvres, ajoutait : " Une dernière consécration lui est due, et pourquoi retarder ce

suprême hommage ?... On peut porter ses
tableaux au Musée du Louvre.”

Ce vœu était légitime. Il fut et il est toujours
partagé par tous les admirateurs et les amis de
Baudry.

Assurément, il importe pour l'honneur de
l'art français, pour l'enseignement efficace d'une
technique admirable où la science et la pensée
vivifient un dessin ferme, tour à tour agréable
et puissant, joint à une couleur mélodieuse,
délicieuse, aérienne en quelque sorte, que Baudry soit mis à coté des plus grands maîtres.

Nul ne s'en plaindra. Il est en dehors de toute
école. C'est qu'il unit magiquement la plus large
ou la plus subtile interprétation du réel aux
élans de l'intelligence, à l'essor du songe. La
science et la finesse personnelle de ses concep-
tions sont manifestés dans ses nombreux portraits d'une touche si variée, étincelants où
profonds, probablement trop oubliés aujour-

II. — LA FORTUNE ET L'ENFANT.

(Musée du Luxembourg.)

Ce fut pendant son séjour en Italie que Baudry, tout jeune encore, peignit cette œuvre délicieuse. L'espèce de popularité, méritée d'ailleurs, qui s'attache à ce tableau, démontre bien que, dès ses débuts, Baudry eut le sens inné de la peinture décorative.

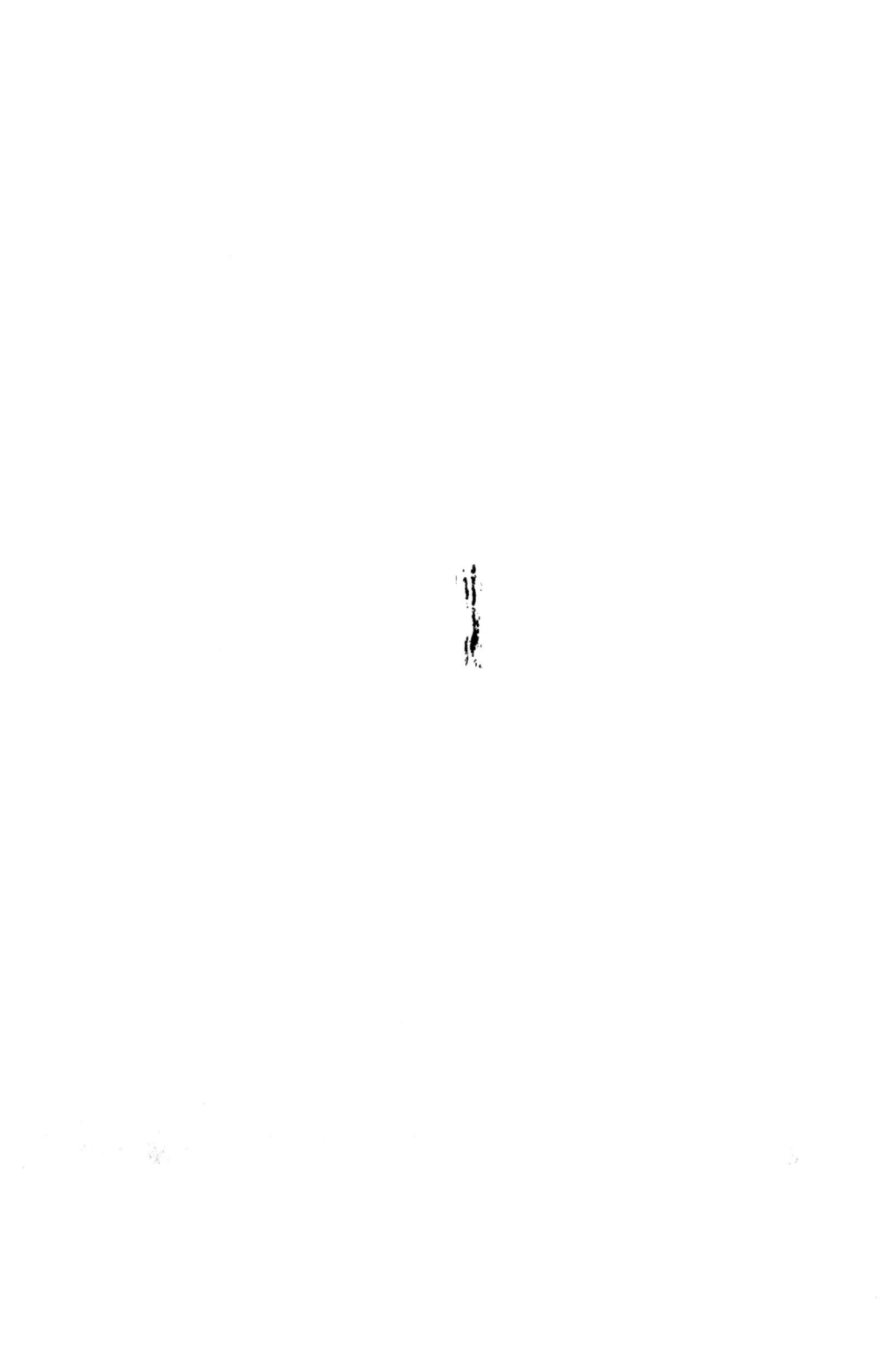

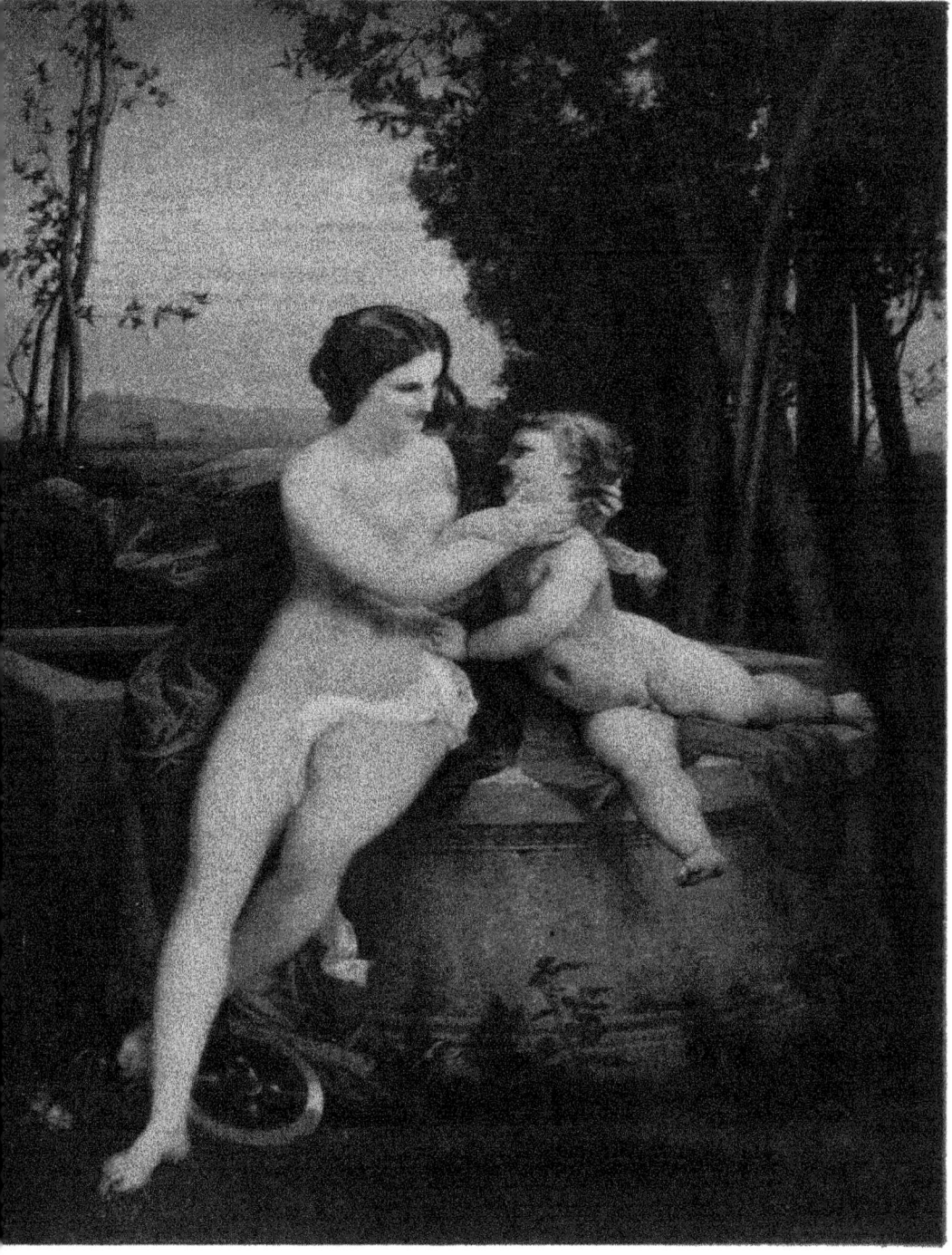

d'hui après avoir joui d'une vogue éclatante, dans ses lumineuses et féériques fantaisies où il célèbre en de radieux paysages toutes les splendeurs des femmes vivantes et rêvées, comme dans les vastes ou minuscules peintures décoratives où il renouvelle en grand Italien et en grand Français les légendes païennes.

De même que l'œuvre de Baudry, sa carrière, l'histoire simple et touchante de son existence offre les exemples les plus utiles, les leçons les plus aptes à créer une émotion généreuse, un enthousiasme fécond.

LA VIE DE L'ARTISTE.

En parlant de la naissance de Baudry dans ses *Peintres du siècle,* Jules Breton, qui le connut dès sa studieuse jeunesse, cite avec à propos l'une de ses plus jolies toiles : *La Fortune et l'enfant.*

Il serait excessif de dire que cette déesse ca-

pricieuse daigna précisément sourire à la naissance de Paul-Jacques-Aimé Baudry, le 7 no-
vembre 1828, dans la petite ville pittoresque
de la Roche-sur-Yon qui s'appelait alors Napo-
léon-Vendée et qui s'est montrée fière à juste
titre de cet illustre artiste.

Baudry appartenait à une famille de condition modeste, mais où l'on pratiquait simple-
ment les plus austères vertus. Son père, Jacques
Baudry, originaire de la Sarthe, après avoir
été gardien de moutons, était devenu sabotier
en forêt. Caractère grave et silencieux, il apparaît comme une sorte de stoïcien d'un autre
temps. Le peintre qui eut les relations les plus
aristocratiques ne renia jamais cette humble
origine. En envoyant un jour à quelque Altesse
Royale une épreuve d'un dessin destiné à orner
les billets de banque, il écrivait fièrement :
" Aujourd'hui, c'est le fils du sabotier qui signe
la monnaie de France ".

Le père de Baudry était, suivant les heureuses expressions d'Edmond About, un simple artisan, mais de ceux qui composent le fond résistant de la nation : patriote acharné, lecteur insatiable, chanteur, pêcheur, marcheur, " amoureux de grand air, paysagiste inconcient."

L'artiste nous l'a d'ailleurs représenté dans sa redingote des dimanches, alors qu'il montre sa mère émue et simple sous le bonnet des paysannes de Cholet. Née Françoise Le Comte, fille d'un royaliste fanatique, elle descendait, rapporte M. Charles Ephrussi qui a consacré à Paul Baudry un ouvrage plein de fervente admiration et d'importants documents, d'une bonne famille bourgeoise, les Bruchet. Un de ses ancêtres, Jean Bouchet (1475-1550) fut un écrivain fort estimé de Rabelais.

Le ménage eut treize enfants dont six vécurent. Paul était le troisième d'entre eux.

pricieuse daigna précis ment sourire à la naissance de Paul-Jacque: Aimé Baudry, le 7 no-
vembre 1828, dans la etite ville pittoresque
de la Roche-sur-Yon q i s'appelait alors Napo-
léon-Vendée et qui s'e : montrée fière à juste
titre de cet illustre art te.

Baudry appartenait une famille de condition modeste, mais où 'on pratiquait simple-
ment les plus austères vrtus. Son père, Jacques
Baudry, originaire de a Sarthe, après avoir
été gardien de moutor, était devenu sabotier
en forêt. Caractère gra e et silencieux, il apparaît comme une sorte de stoïcien d'un autre
temps. Le peintre qui ut les relations les plus
aristocratiques ne rer a jamais cette humble
origine. En envoyant u jour à quelque Altesse
Royale une épreuve d' ı dessin destiné à orner
les billets de banque il écrivait fièrement :
" Aujourd'hui, c'est le ls du sabotier qui signe
la monnaie de France .

Le père de Baudr était, suivant les heureuses expressions d'Eimond About, un simple artisan, mais de ceux qui composent le fond résistant de la nation patriote acharné, lecteur insatiable, chanteur, pêcheur, marcheur, " amoureux de grand air, paysagiste inconcient."

L'artiste nous l'a d'ailleurs représenté dans sa redingote des dimanches, alors qu'il montre sa mère émue et simple sous le bonnet des paysannes de Cholet. Né Françoise Le Comte, fille d'un royaliste fanaique, elle descendait, rapporte M. Charles Ephrussi qui a consacré à Paul Baudry un ouvage plein de fervente admiration et d'importants documents, d'une bonne famille bourgeoise, les Bruchet. Un de ses ancêtres, Jean Bouchet (1475-1550) fut un écrivain fort estimé de Rabela

Le ménage trece ont
vécurent. le

Il devait conserver toute sa vie un amour profond pour le pays natal et pour sa famille, doter ses sœurs et adopter pour ainsi dire son frère Ambroise. C'est là, comme le remarque Henri Delaborde qui a célébré dignement la mémoire de Baudry, l'un des traits caractéristiques de sa physionomie morale.

Il ne reçut d'abord qu'une instruction primaire. Mais il se passionnait pour l'histoire de France. A douze ans, la lecture de la vie de Jeanne d'Arc lui fut une révélation. Il applaudissait aux faits et gestes des héros en dévorant, avec l'enthousiasme fébrile de l'adolescence, *les Victoires et Conquêtes* ou *les Fastes de la Monarchie française.*

Écolier zélé, il reçut à l'occasion du mariage du duc d'Orléans un livret de caisse d'épargne, mais il manifesta bientôt des aptitudes particulières pour la musique et le dessin.

Son père le confia à un violoniste distingué,

Ernest Depas; comme Ingres et comme Delacroix, Baudry joua du violon. Il fut ménétrier de village. Petit, les cheveux noirs, les yeux ardents, le jeune Paul grimpait sur l'estrade à Saint-Gilles, à Mouilleron-le-Captif ou à Nieul-le-Dolent pour mettre un peu d'aise dans le ménage.

Un dessin de lui-même, qui date de 1844, nous le montre à seize ans, tout songeur, grave comme son père. Depas ne lui avait pas donné un enseignement suivi; il entra chez un peintre nommé Antoine Sartoris, Piémontais d'origine, qui était professeur aux cours de la Ville et qui eut le grand mérite de distinguer une vocation naissante, de donner au jeune homme tous les moyens possibles pour recevoir une bienfaisante éducation artistique et faire son chemin dans le monde.

Baudry, dont le caractère fut toujours à la

hauteur du talent, ne devait jamais oublier l'appui généreux et dévoué de son premier maître. Déjà célèbre, il ne craindra pas de s'intituler " élève de M. Sartoris ". Enfant, ne s'était-il pas écrié devant un tableau de son professeur : " Moi aussi, je veux faire cela, je veux être peintre "?

Il commence par dessiner les soldats de la garnison ; l'abbé Duclos, vicaire de la ville, lui paye 15 francs son portrait ; il peint une enseigne pour un bureau de tabac de Melle.

Ces premiers essais lui valurent une réelle notoriété parmi la jeunesse de sa ville natale. Sartoris intéressa au sort de son protégé le receveur des contributions directes, Renard et le préfet du département, Gauja, qui l'accueillit dans sa famille avec une bienveillance dont le peintre conserva un souvenir de gratitude profondément ému. Sa correspondance en fait foi.

III. — LA VISION DE SAINT HUBERT.

(Musée de Chantilly.)

La légende, célèbre en vénerie, de Saint Hubert fut exécutée par Baudry pour decorer une des salles du château de Chantilly. On doit admirer, dans ce tableau, avec quel art et quelle sûre compréhension de l'effet, le peintre a su disposer cette difficile composition.

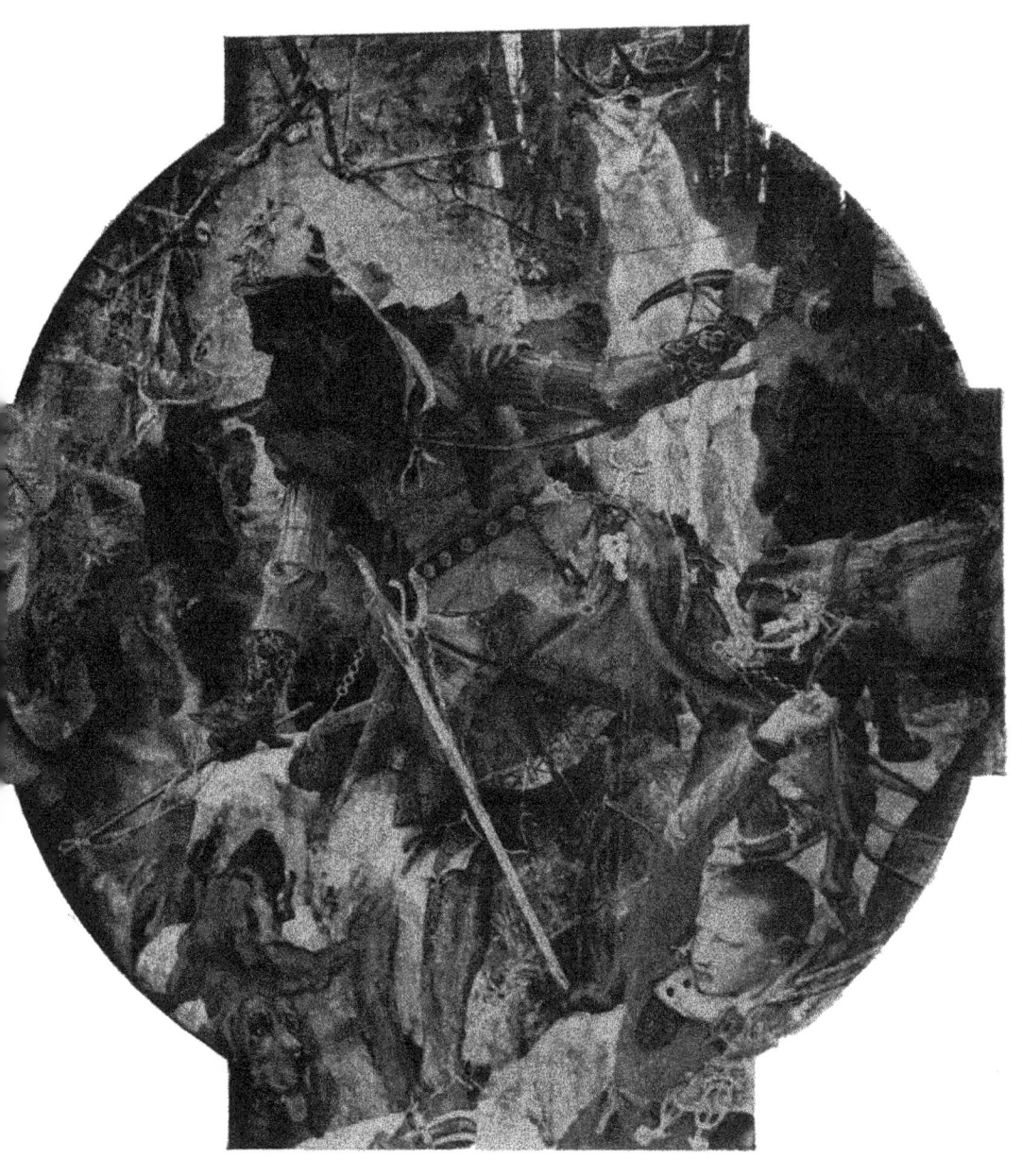

Lorsque le jeune Paul reçut de la ville une pension de six cents francs pour achever ses études à Paris après trois années d'apprentissage chez Sartoris, Mme Gauja lui dit : " Ne changez pas ". Et il ne changea pas. Il resta fidèle à ses affections reconnaissantes.

Ce fut avec une sorte de déchirement rempli néanmoins de junéviles espérances que Baudry quitta sa famille, ses amis, ses chères forêts où il associait la nature à ses rêveries d'adolescent méditatif, pieux et sauvage.

" Je me rappellerai éternellement, écrit Baudry, la nuit de mon départ, cette nuit froide et pluvieuse qui m'a emporté dans sa tristesse et dans son obscurité ; en passant devant la statue de Travot, je me suis juré, la main sur la poitrine, avec exaltation, de revenir homme et avec du talent. "

Comme l'observe Meissonier, il s'était juré d'avoir du talent, il a eu du génie.

C'est en septembre 1848 que Baudry devint pensionnaire de sa ville natale. Elle lui allouait 600 francs par an. Cette somme fut légèrement augmentée par la suite.

On aime à se figurer les débuts de ce garçon de 16 ou 17 ans dans la capitale dont il se proposait de conquérir peu à peu les suffrages par un labeur patient, obstiné.

Le fils du sabotier apparut un jour, grêle sombre, un peu farouche avec sa " face de corbeau " et ses habits rapiécés dans l'atelier de Drolling, 11 rue de Sèvres.

Il sut très vite se faire respecter et aimer de ses camarades au nombre desquels il faut compter Marguerie, Merson, Henner et Chaplin.

Baudry s'était installé dans une mansarde, 79, rue du Four Saint-Germain. D'abord, il se sent dépaysé, solitaire dans l'énorme Paris, devant les toits. Puis, l'énergie de sa race et de sa vaillante nature le soutient dans la lutte, le conduit vers la victoire.

Il a équilibré son maigre budget. Son loyer annuel n'est que de 70 francs, mais il y a les frais d'études qui sont considérables pour sa pauvre bourse. N'importe! Il dîne avec deux sous de pommes de terre frites et deux sous de pain. Il passe ses matinées à l'atelier, ses après-midi au musée. Le soir, il rêve devant les lucarnes en fumant des cigarettes, aux chefs-d'œuvre qu'il a vus et à ceux qu'il a la ferme volonté d'accomplir.

" Si Dieu me protège, écrit-il dans une de ses admirables lettres à ses chers parents (1846), j'aurai du talent et un nom. Je le sens au sentiment que j'éprouve devant un chef-d'œuvre; dans ces moments, la contemplation du sublime me pénètre et me fait battre le cœur. Espérons".

Cette volonté si ardente le soutient, lui permet de résister à toutes les privations.

M. Jules Claretie, dans l'excellente étude qu'il consacrait naguère à Baudry, racontait la jolie anecdote suivante : Le 25 d'un mois d'hiver, Baudry demande à emprunter à un camarade d'atelier plus fortuné que lui la somme considérable de trois francs.

— Prends cent sous.

— Non, dit-il, je me connais! Si je les prenais, je serais capable de les dépenser.

Ces petites difficultés matérielles ne l'empêchaient point de se distinguer et de se mettre bientôt au premier rang parmi les élèves de l'atelier Drölling. Le " patron ", cœur chaud sous une enveloppe un peu rude, n'avait pas tardé à le distinguer, à le soutenir. Et le "Costeau", devint dans le jargon des jeunes peintres, "le Petit Napoléon " ou la " Sultane favorite ".

Reçu deuxième à l'École des Beaux-Arts en 1846, Baudry redouble d'efforts et l'année suivante il entre en loge. C'est, comme il l'écrit, un grand pas, mais ce n'est que le premier. Et il obtient, avec *la Mort de Vitellius*, où il révèle de rares qualités, le deuxième grand prix.

Ce succès appelle l'attention sur lui, l'arrache à l'obscurité. Il offre *Vitellius* à sa ville natale, se loge dans un petit appartement de la place Saint-Germain-des-Prés. M. Charles Ephrussi qui a donné de curieux détails sur cette époque de son existence raconte qu'il porte au Mont-de-Piété sa médaille d'or et qu'il en reçoit 85 fr. Il s'instruit, et bien que le col blanc, au dire d'un jeune peintre qui savait être un écrivain pittoresque, lui "guillotine les oreilles" il va dans le monde où il apprend vite à tenir sa place.

Il la tient également parmi ses camarades qui applaudissent volontiers à sa jeune re-nommée. " Baudry était autrefois, écrit Jules Breton, un garçon silencieux, aimant la soli-tude, s'isolant par une froide réserve, même au milieu de ses condisciples dont il était le point de mire, car la plupart cherchaient à l'imiter. Il avait la tête énergique, au hâle pâle des dominateurs, cependant l'empire qu'il exerçait était absolument involontaire. Nous lui reconnaissions une supériorité. Nous l'appelions le petit grand homme ".

Après avoir pris part à la Révolution de 1848, Baudry renonce à la politique pour se livrer de nouveau tout entier à la peinture. Il a quelque temps l'intention d'évoquer avec vigueur des scènes historiques et vendéennes, mais c'est vers l'antiquité qu'il tourne encore ses regards. Du reste, il doit se conformer aux exigences de l'École. En 1850, avec un sujet qui l'enchante, emprunté au thème bien connu de *Rhadamiste et Zendie* il est grand prix de Rome.

Baudry, choyé, fêté, s'abandonne à l'ivresse de ce beau et légitime triomphe avant de reprendre ses études et ses travaux avec une énergie fortifiée par la renommée naissante.

IV. — PORTRAIT DU PEINTRE GUIRAUD.

(Musée du Luxembourg.)

Bien qu'il affectionnât plus particulièrement la peinture décorative, Baudry a peint de nombreux portraits où il déploie sa science du dessin et sa virtuosité de coloriste.

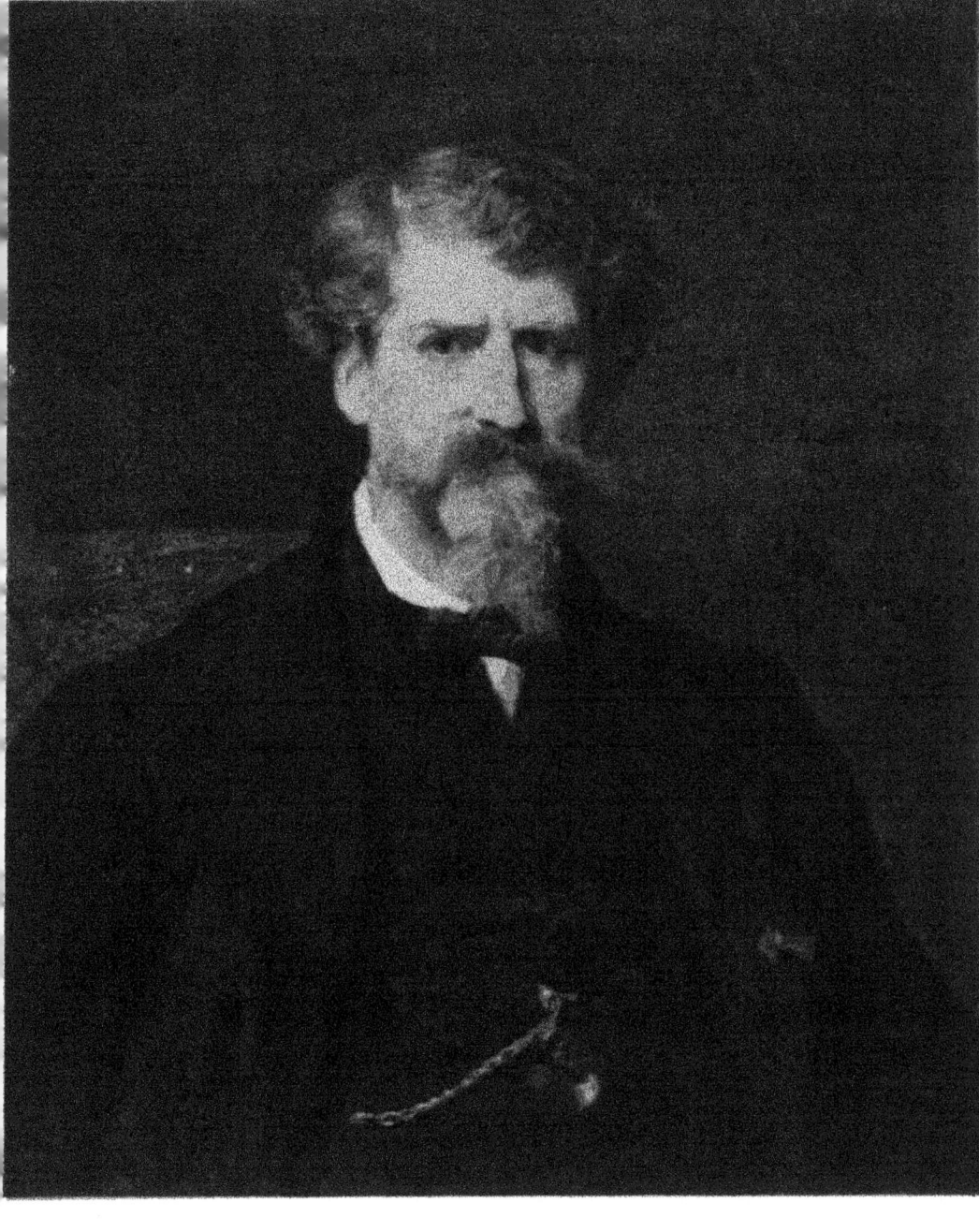

Il part donc pour l'Italie, et c'est là dans ce pays de la splendeur et de la grâce harmonieuses, qu'il trouvera définitivement sa voie, c'est là, qu'en restant un élève admirable, il deviendra aussi un admirable peintre.

Baudry arrive à Rome vers le milieu de janvier 1851, il s'y trouve en compagnie de plusieurs peintres : Lenepveu, Benouville, Boulanger, Bouguereau et Cabanel.

Il passe cinq années en Italie où il voyage et travaille avec une sorte de religion, de fiévreuse activité.

D'abord attiré par le Caravage, Baudry s'extasie devant Raphaël. Il s'écrie avec transport : "Et moi, obscur et inconnu, je viens augmenter le nombre des pèlerins qui vont, cherchant et baisant les traces de ce divin génie ... qu'il me fasse pour l'avenir l'aumône d'un seul denier de son trésor ".

A Florence, il s'initie à André del Sarto ;

Cimabuë et Giotto le retiennent à Assise, le Pérugin le ravit à Pérouse, mais c'est le Corrège à Parme qui lui révèle une lumière et une sorte de radieuse magnificence qu'il fera merveilleusement siennes.

Des compositions exquises comme *la Fortune et le jeune enfant, le Supplice d'une Vestale,* commencent à fixer sa réputation. En même temps, Baudry se crée des amitiés sûres et précieuses, il se lie intimement avec son camarade Charles Garnier, il rencontre chez Mme Cheuvreux et sa fille Mme Guillemin, G.-J. Ampère, poète et érudit, auteur de *l'Histoire Romaine à Rome,* qui lui inspire des sujets d'après l'antique comme *la Soumission de Vercingétorix, la Mort de César, la Tête de Cicéron clouée aux rostres.* Mais il se contente de les esquisser : il a besoin de donner cours à son imagination, à ses rêves de beauté symbolique, mythique, aérienne.

A Naples, en 1853, Edmond About, en péné-
trant par une chaude matinée de juin dans une
petite maison qui avait été un cabaret, fut mis
par son guide, raconte-t-il plus tard, "en présence d'un petit homme brun aux yeux pétil-
lants, aux cheveux d'un noir bleu, à la mousta-
che frisée et retroussée." C'était Baudry avec
lequel il devait entretenir les relations les plus
amicales et qu'il appela affectueusement : Pao-
liccio mio.

La Villa Médicis, d'abord sous la direction
d'Alleux, puis sous celle de Schnetz auquel
Baudry succédera à l'Institut, lui fut une demeure aimablement hospitalière. Travailleur
acharné, il ne se contentait pas de copier avec
une science consommée et enthousiaste des
chefs-d'œuvre de maître et de découvrir, dans
la fréquentation du grand, une grande et noble
formule. Convaincu que l'artiste est coupable
de ne pas vouloir s'instruire sans cesse, il se

nourrissait l'esprit des plus solides aliments intellectuels : Cicéron, Montaigne, Pascal.

Le Supplice d'une Vestale est sérieusement apprécié à son retour de Rome (mars 1856). Il écrit à son bienfaiteur Renard qu'on l'admire, qu'on l'insulte, qu'on le vilipende et qu'on l'exalte : " Je suis vieux d'expérience maintenant, je ne demande plus de compliments à tout le monde, et je sais même que certaines blessures honorent ". En réalité, il y était fort sensible, mais il n'ignorait pas que les artistes, à l'exemple des soldats, acquièrent la véritable gloire par les blessures autant que par les croix.

La Vestale lui est d'ailleurs achetée par le ministère d'Etat 6000 francs. Il paye des dettes, fait des dons à sa famille. Il a deux mille francs et plusieurs commandes qui lui permettent d'envisager l'avenir avec quelque sécurité.

Il s'installe alors, 8, rue des Beaux-Arts, et prend à sa charge son frère, Ambroise qui, archietcte éminent, conservera pour Paul, son frère ainé, plus âgé de dix ans, une tendresse et une reconnaissance touchantes. Ils étaient capables de s'aimer et de se comprendre.

" C'est Paris qui donnera le coup de pied ou l'accolade " écrivait Baudry de Rome au sujet d'un de ses tableaux. Si le jeune artiste ne fut pas estimé d'abord à sa réelle valeur, il trouva du moins de fermes soutiens et des admirateurs déjà zélés.

Il prélude à son œuvre immense de décorateur en peignant pour le salon de M. Guillemin, rue Laferrière, seize enfants symbolisant les *Saisons*, puis il travaille pour le baron Gustave de Rothschild. Des portraits comme ceux de la comtesse de Manoir, de la baronne de Berckheim, du baron de Vilgruy, ceux de Léon Gérard et de Beulé surtout établissent sa notoriété dans le monde, dans les sociétés les plus riches et les plus élégantes.

PAUL BAUDRY

Ces portraits datent de 1857. Cette année est décisive dans la carrière de Baudry, puisqu'il offre encore, au Salon, à l'admiration du public, outre *la Fortune et l'enfant* et *le Supplice d'une Vestale,* le ravissant *Saint Jean-Baptiste* et la magnifique *Léda.* Une médaille de 1ʳᵉ classe récompense de si nobles efforts, un si digne acharnement dans la poursuite du beau, du vrai dans ce qu'il a de plus élevé et de plus délicat.

Tout en brossant les portraits achevés de personnages comme Guizot, comme le comte de Balleray ou la comtesse de Labédoyère, ou comme Madeleine Brohan (1860) et Jane Cisler (1862), Baudry décore l'hôtel d'Achille Fould. Il est le peintre des ciels d'azur, des chairs laiteuses, des chevelures dorées, l'évocateur attendri de divinités resplendissantes, de Vénus, de Diane, de Cybèle ou d'Amphitrite. Il risque même de s'affadir en accusant un système avec *la Madeleine pénitente,* mais *les Villes d'Italie,* pour l'hôtel du duc de Galliera, sont de la même époque.

En 1865, sa *Charlotte Corday,* si belle et si pathétique lui vaut un rappel de la médaille de 1re classe et la croix de la Légion d'Honneur. Du reste, l'histoire lui convient moins que la mythologie où il peut célébrer avec une voluptueuse ardeur toutes les suavités de l'allégorie.

L'année suivante, *la Perle et la vague* met Baudry hors de pair. Il apparaît désormais comme le peintre-poète de la femme. Cependant son ambition est toujours plus haute. Il ne vise ni la fortune, ni les honneurs, mais la gloire la plus pure, acquise au prix de l'effort le plus considérable.

Aussi quelle joie fut la sienne lorsqu'il apprit en 1864 par son ami Charles Garnier qu'il serait chargé de la décoration du Foyer de l'Opéra. Entreprise énorme, colossale, digne de son pinceau aux gammes claires, éthérées, digne de son énergie comme de sa large inspiration philosophique.

Baudry se prépare à donner ses forces pour l'accomplissement intégral d'une œuvre qui doit préserver son nom de l'oubli. Le maître, sûr de sa forme et de sa couleur, ne se sent pas suffisamment en possession de tous les secrets ardus de la monumentale composition décorative.

C'est pourquoi il se rend à Rome, il s'installe à la Chapelle Sixtine où il grimpe sur des échafaudages, s'arme de lorgnettes et copie Michel-Ange, non pas avec ce parti-pris du gigantesque, du titanesque qui a dénaturé tant d'autres reproductions, mais suivant la sompteuse majesté de son modèle. Cela ne l'empêche point d'accuser sa manière, inspirée de celle du **Corrège**, dans de vastes toiles comme *Diane chassant l'Amour.*

Dans la chambre turque aménagée pour Horace Vernet qu'on met à sa disposition dans la Villa Médicis, il ne songe qu'à ses peintures de l'Opéra. "Je marche dans le foyer de l'Opéra de l'avenir, écrit-il, où se voit un peuple de charmantes femmes, de beaux jeunes gens jouant et chantant dans l'azur."

C'est en août 1865 que Baudry reçut la commande officielle. La décoration du plafond et des voussures, dans le splendide hôtel de comte Henckel de Donnersmack aux Champs-Élysées, lui sert encore de préparation à l'œuvre qui devient la grande affaire de sa vie et à laquelle il consacre, avec un désintéressement qui a fait l'admiration de tous, dix années de son existence.

Désormais, il s'absorbe dans cette tâche, sans prendre souci de sa santé, ni des avantages matériels. Dans l'hiver de 1867-68, il copie au Kensington-Museum les cartons de

Raphaël. Une excursion en Espagne le met en présence de Vélasquez qui le frappe, sans l'arrêter longtemps.

Officier de la légion d'honneur en 1868, il est nommé en 1870 membre de l'Institut sans avoir posé sa candidature. Mais attristé par la mort de ses parents, il prolonge son séjour en Italie où il soigne avec dévouement son ancien camarade, le sculpteur Gumery.

La nouvelle de la guerre le surprend à Venise. Il revient à Paris, s'enrôle comme volontaire dans les compagnies de marche, et, ainsi que son frère Ambroise, accomplit son devoir en patriote sincère et ardent.

Accablé par les malheurs du pays, il ne peut reprendre aussitôt ses travaux, il accompagne About dont il fait un beau portrait en tenue de voyage à Arromanches et à Bordeaux.

Cependant il se remet à l'ouvrage en véritable héros. Il peint lui-même une superficie de

500 mètres carrés, 3 plafonds, 12 voussures, 10 dessus de portes et 8 panneaux intermédiaires.

Pour ne pas perdre de temps, Baudry s'est installé à l'Opéra dans les combles.

L'humidité de ces gros murs de pierre, dit Edmond About, était si pénétrante qu'il devait s'enrouler dans une couverture de laine avant de se glisser dans les draps, mais aussi il pouvait dès l'aube, comme les ouvriers de son ami Charles Garnier, continuer sa tâche.

" Tu ne te figures pas ce que j'y dépense de force physique ", disait Baudry à son ancien camarade Jules Breton.

Après tant de labeur, il dut se hâter encore à cause de l'incendie de la salle Lepelletier. Il écrivait alors à l'architecte de l'Opéra dans une lettre du 17 août 1874, citée par M. Charles Ephrussi : " Il y a six ou huit mois tu m'as demandé de finir mes travaux pour le mois d'août ; je croyais la chose matériellement impossible, je m'y suis mis et j'y ai même laissé ma santé; tu ne peux t'imaginer les transes, les douleurs désespérées que m'a causées cet excès effroyable de travail; j'ai cru deux fois que je ne l'achèverais pas, j'ai donc fait ce que tu appelais impossible. "

L'ensemble des peintures fut exposé pendant deux mois, en août-septembre 1874, à l'Ecole des Beaux-Arts et rapporta la somme de trente-quatre mille francs dont la majeure partie au profit de la Société de Secours des Artistes.

Cette œuvre considérable fit sensation, excita l'enthousiasme et la critique. " Celui-ci, écrivait Baudry à Emile Grimaud qui a publié des lettres inédites du peintre, voit le réalisme, celui-là le catholicisme, les autres leurs coteries variées. C'est le miroir à facettes qu'on nomme l'opinion publique mais qui ne réfléchit rien de durable et de vrai. "

En réalité, Paul Baudry qui ne s'était pas enrichi avait atteint cette gloire sans mélange qu'il rêvait depuis l'adolescence. La somme de 140 000 francs répartie sur huit années de travail effectif ne dépassait guère les frais matériels d'une entreprise gigantesque. Il ne faut pas oublier non plus qu'on ne devait d'abord confier à Baudry que les voussures et les dessus de portes. Il se chargea des trois plafonds et des huit panneaux sans demander un supplément d'argent. Aussi, selon ses propres expressions, s'il s'était dévoué à la grande peinture, il avait la satisfaction de n'en avoir pas tiré de profit matériel. Beaucoup de gloire assurément, déclarait-il à Garnier, mais peu de chemises.

Courageusement, il accepte de nouveau les commandes, multiplie les portraits. Deux voyages en Egypte où son frère est architecte et en Grèce où il sanglote devant l'Acropole ne le détournent pas de ses 'compositions allégoriques et décoratives.

Aussi Baudry se sent animé d'une flamme nouvelle lorsque le marquis de Chennevières, directeur des Beaux-Arts, lui demande de glorifier Jeanne d'Arc au Panthéon.

Ce projet séduit son cœur de patriote, son imagination d'historien pour qui la grandeur de la vérité s'enveloppe dans le mystère du symbole. Dans une lettre à Garnier, en 1877, il s'exprimait ainsi : " Je rassemble mes forces pour commencer cet automne Jeanne d'Arc. Dieu veuille me donner la grâce d'être à la hauteur d'un si beau sujet ". Baudry avait conçu une série de six compositions: *Jeanne écoutant les voix. — Entrevue royale à Chinon. — La Victoire. — La Prison. — Le Martyre. — La Marche triomphale.*

On vit cet artiste si consciencieux fouiller les archives, demeurer de longues heures le

V. — PORTRAIT DE M⁼ᵉ X...

(Musée du Luxembourg.)

Les portraits d'homme, de Baudry, sont tous remarquables ; ses portraits de femmes sont toujours supérieurs. Il avait l'art très rare de faire vivre avec intensité son personnage, comme en témoignage le beau portrait que nous donnons ici.

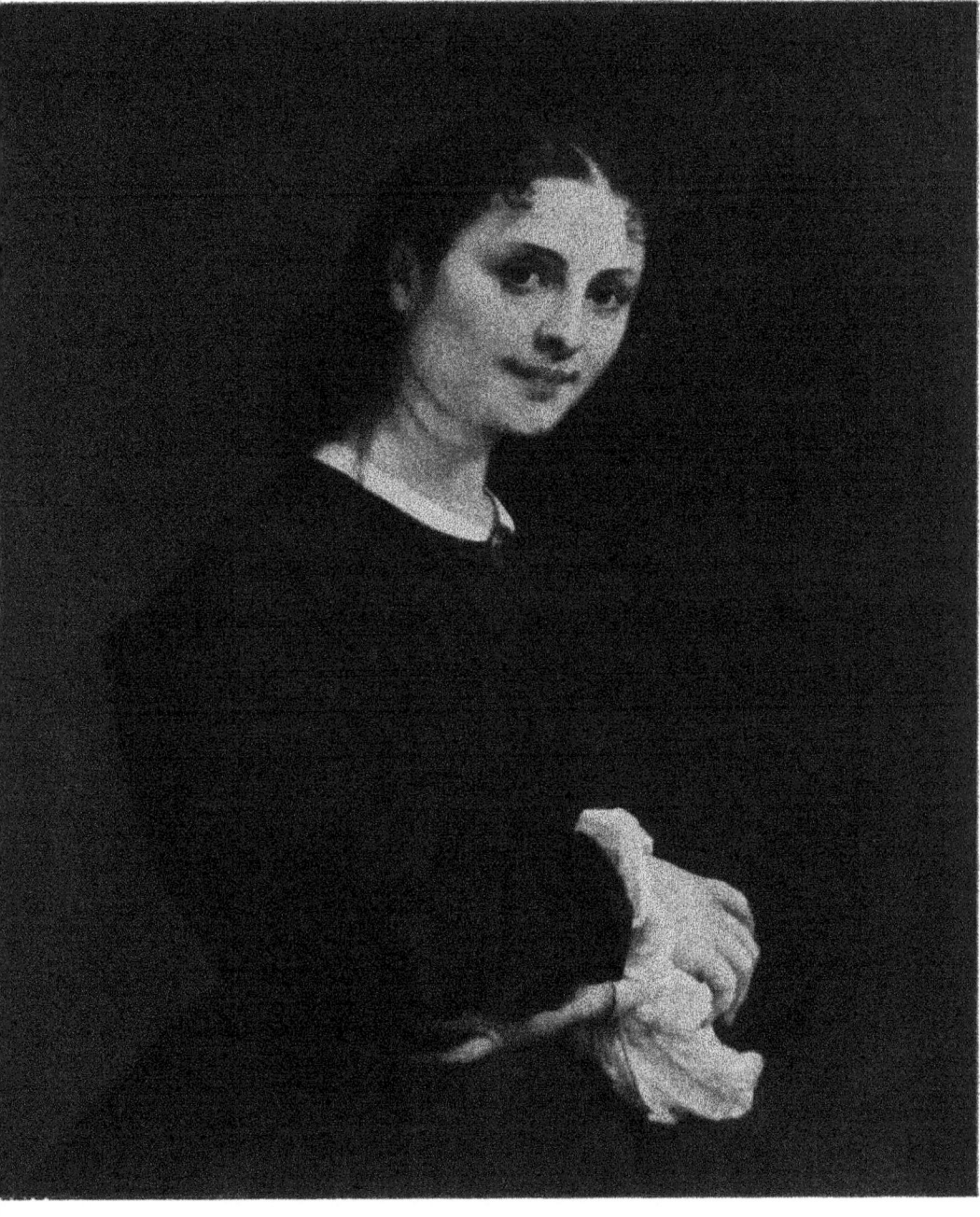

crayon à la main devant les vieilles enluminures, s'inspirer des chroniques anciennes.
Malheureusement, ce rêve ne se réalisa point.

Il fut chargé du moins de peindre une *Glorifi-
cation de la Loi* pour la salle de la Cour de Cassation et là encore fit preuve d'une richesse de
tons égale à la richesse de l'invention. La médaille d'honneur au Salon de 1881 consacra la
probité d'un art aussi aimable que savant.

D'autre part, il poursuivait son œuvre de
décorateur en exécutant *le Repas des Noces de
Psyché* pour le palais de Cornélius Vanderbilt
à New-York (1882), *la Vision de Saint Hubert,*
et le merveilleux *Enlèvement de Psyché* pour
Chantilly. De nombreux portraits, outre quelques jolies scènes mythologiques en tableaux
de chevalet, datent des dernières années d'une
vie trop brève.

Atteint d'une maladie de cœur, Paul Baudry s'était retiré quelque temps à Fontaine-

bleau, auprès d'êtres qui lui était chers; l'administration des Beaux-Arts avait gracieusement mis à sa disposition le pavillon de Diane.

Peu de temps avant sa mort, Eugène Guillaume le voyait errer sombre et préoccupé dans le parc. Il revint à Paris, dans un atelier de la rue Notre-des-Champs où il fut enlevé le 17 janvier 1886 à l'affection de ses amis.

Théophile Gautier a tracé de Baudry ce portrait expressif: " Le peintre de *la Perle* et de *la Vénus* est d'une taille un peu au-dessous de la moyenne, mais bien prise et robuste... Sa tête énergique au profil découpé en médaille romaine, à l'œil vif et noir, est de celles qu'on n'oublie pas... Sa tenue est de la sévérité la plus correcte... Dans son extérieur, rien d'excentrique, de romantique, d'artistique : il réserve sa fantaisie et sa couleur pour ses tableaux et se contente d'être un grand peintre et un parfait gentleman. "

Sa correspondance (1844-1885) qui révèle un talent réel d'écrivain atteste sa bonté rare et parfaite qu'il voilait d'ordinaire sous une réserve assez froide.

Baudry n'est pas mort tout entier. Il vit glorieusement dans son œuvre.

L'ŒUVRE DU PEINTRE.

Dans ses premiers essais, docile à sa nature, le fils du sabotier paraît surtout soucieux de vigueur; il y avait de la brutalité dans la facture de son *Vitellius.* Ses jeunes camarades étaient frappés de son audace et de son énergie. Il semble destiné, au début, à produire des ouvrages dans le goût de l'Espagnolet ou du Caravage.

Mais il ne tarde pas à évoluer vers la douceur, vers la grâce, tout en s'efforçant de conserver la ferme et robuste netteté du dessin. La recherche de l'harmonie est visible dans *Zénobie.*

Son aptitude à magnifier les attitudes, les physionomies féminines s'y découvre, quoique insuffisamment dégagée de certaines règles conventionnelles. Il s'agissait, d'ailleurs, du concours pour le prix de Rome.

Si *la Lutte de Jacob et de l'Ange* se recommande par des qualités de force, *la Fortune et le Jeune enfant* (1853) est d'une inspiration, d'une poétique fraîcheur de sentiment et de couleur vénitiennes. On peut contempler au Musée du Luxembourg cette œuvre demeurée jeune. Une copie qui devait être vendue 500 francs à Mme Champy par le jeune peintre fut acquise en 1882 par la maison Goupil au prix de 1800 francs.

Le coloris, voilà, selon Eugène Guillaume, la faculté maîtresse de Baudry. Elle s'exerce dans *le Supplice d'une Vestale*, qui malgré son charme, manque encore d'une véritable originalité (1856, Musée de Lille).

Déjà dans *Primavera* (1854), on avait pu admirer, outre l'heureux groupement des personnages d'un effet très décoratif, l'harmonie des nuances claires qui sera le triomphe de sa peinture.

Le poème éclatant ou suave des chairs d'enfants, des femmes éblouissantes est traité avec la plus délicieuse ampleur dans *les Quatre Saisons,* comme dans le beau *Saint Jean-Baptiste* et surtout dans *Léda* ou la blancheur rosée de la déesse s'unit à la blancheur immaculée du cygne, en une sorte de rayonnement pur (1857).

Si *Amphitrite* (1859), *la Toilette de Vénus, le Petit Saint Jean* (1860) méritent d'être considérés comme des chefs-d'œuvre de délicatesse, Baudry montre toutes ses qualités d'expression en un genre, qui n'est pas le sien, dans *Charlotte Corday* (1861, Musée de Nantes). Elle apparaît blanche, coiffée d'un chapeau de feutre en une robe à raies d'une vérité historique fort discutable, mais quelle grâce jusque dans cette grandeur sanglante ! " Cette tête pâle au regard fixe et comme médusée au milieu de son auréole de cheveux blonds se grave invinciblement dans la mémoire, écrivait Théophile Gautier, elle inspire l'effroi et l'amour ".

Cette séduction est plus éblouissante encore et s'impose délicieusement dans cette merveille qui s'appelle *la Perle et la Vague* (Salon de 1863). Servons-nous encore pour évoquer cette toile si poétique de la description colorée du poète des *Émaux et Camées.* " Une haute vague, semblable à un rideau d'émeraude frangé d'argent, cache l'horizon et la voûte céleste ; parmi les varechs et les fucus, les coquillages irisés d'opale, une jeune femme, fleur vivante de la mer, se dresse, pétrie d'écumes et de reflets, modelée par les houles : elle est vue de dos, une jambe repliée, le bras relevé comme une anse d'amphore, les blonds cheveux

VI. — LE PETIT SAINT JEAN-BAPTISTE.

(Musée d'Amiens.)

Ce tableau, si plein de charme et de délicatesse, est un des chefs-d'œuvre de Baudry. Il rappelle les compositions les plus gracieuses de la grande Renaissance italienne.

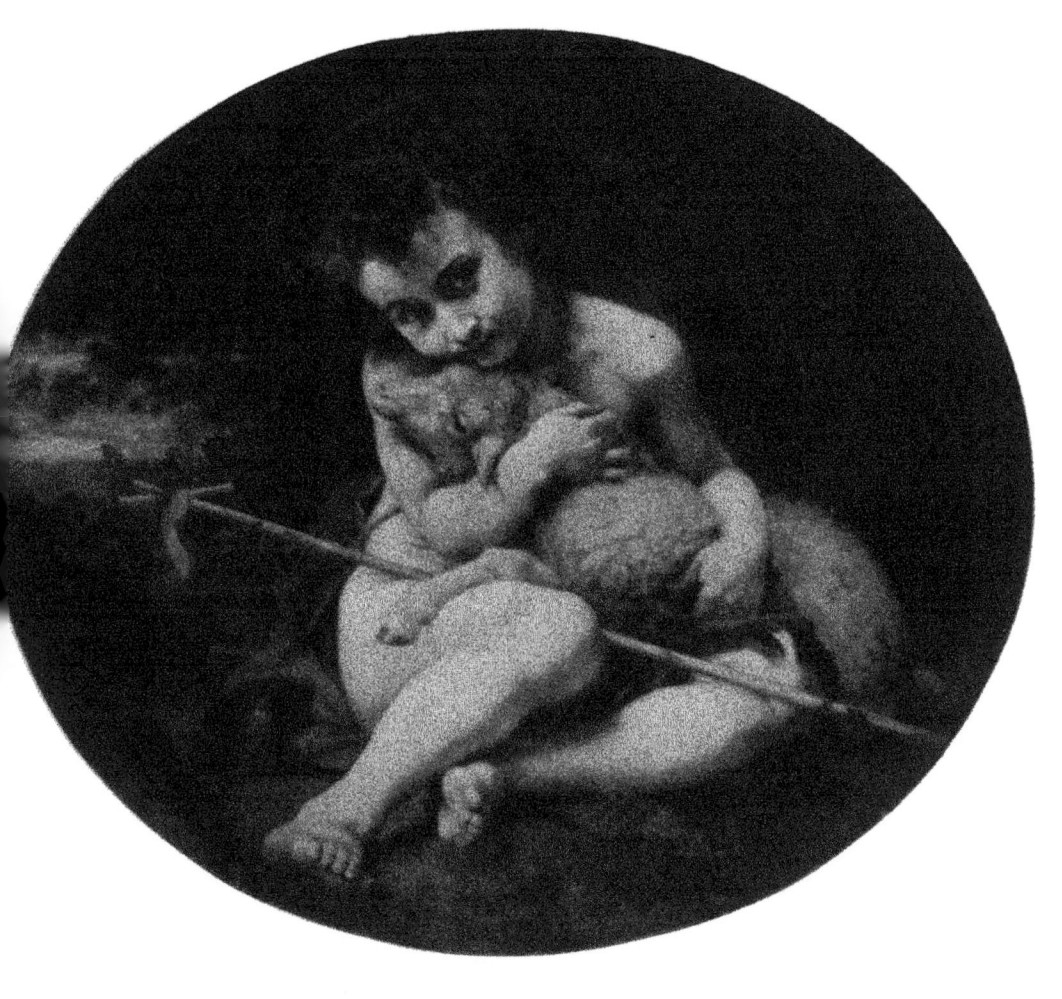

moirés et ruisselants, les prunelles glauques, les lèvres cornalines, la ligne harmonieuse du corps, la finesse de la chair rose et bleutée sont d'un maître. Comme *la Source* dans l'œuvre d'Ingres, *la Perle et la Vague* est essentielle dans l'œuvre de Baudry. Cette toile supporte la comparaison avec ses plus ravissantes *Vénus,* avec ses *Èves* et ses *Psychés* les plus exquises.

Baudry, comme portraitiste, fut et reste éminent. Peintre savant aux hautes préoccupations philosophiques, il excelle à pénétrer les traits distinctifs des êtres, le visage; il fixe avec intensité le caractère dominant des corps et des âmes.

C'est ainsi qu'en fils attendri il montre ses parents, " ces deux têtes campagnardes, graves, honnêtes, au regard droit, aux lèvres serrées, auxquels une longue vie conjugale a donné une sorte d'identité physique et morale " (Georges Lafenestre).

Avec quelle sobriété presque émouvante il représente son frère Ambroise ou son ami About! Le sourire de Mlle Denière, la fraîcheur de Mme Boselli, la gravité hautaine de Guizot prennent, dans ces portraits de Baudry, une valeur générale, comme l'expression méditative du visage de Beulé. Quelle allure magistrale aussi dans son chaleureux et réfléchi *Charles Garnier* ou dans son superbe *Général comte de Palikao,* appuyé sur un cheval alezan, le type de l'officier supérieur du deuxième Empire!

Mais c'est principalement comme décorateur que Paul Baudry doit s'imposer à la fervente admiration de tous, en particulier au Foyer de l'Opéra et à la Cour de Cassation.

M. Emile Bergerat en décrivant avec art les trente et quelques compositions de Baudry qui forment le vaste poème pictural du Nouvel Opéra affirmait avec raison que par cette œuvre énorme l'artiste s'était élevé d'un bond aux plus hauts sommets.

Nous nous contenterons d'en rappeler les thèmes essentiels. Son plafond central demeure un splendide modèle de peinture monumentale. Il a une longueur de $13^m,45$ sur une hauteur de $4^m,30$. Les génies devant une balustrade assistent au triomphe de l'esprit sur la matière. La poésie habillée de pourpre, couronnée d'or, conduit l'harmonie et la mélodie en robe verte.

Les plafonds suivants qui ont chacun une hauteur de $5^m,75$ et une longueur de $4^m,20$, sont consacrés à *la Tragédie* et à *la Comédie*.

On admire dans *la Tragédie* avec les figures pathétiques de *la Fureur* et de *l'Épouvante,* avec les attitudes émouvantes de *la Pitié* et de *la Compassion* l'effet produit par la juxtaposition de deux tons violents comme le noir et le rouge habilement rehaussés de violet.

La Comédie est d'une fantaisie et d'un charme

parfaits : on voit Thalie démasquant un faune en lui arrachant la peau de lion dont il est recouvert. Un génie lance un trait sur l'imposteur. L'amour s'envole vers l'infini.

Dans les voussures on voit vivre d'une intense vie mythologique, et cependant moderne, par la puissance du symbole ce que M. C. Renard, dans son étude sur ces peintures, appelle les annales légendaires de la musique et de la poésie.

C'est, d'une part, *le Parnasse*. De l'autre, ce sont *les Poètes civilisateurs*. Chacune de ces compositions a une longueur de 9^m,60 sur une hauteur de 4^m,10.

Précédé d'Eros, Apollon sort de son char éclatant. Tandis que les Heures détellent ses coursiers, les Grâces lui présentent la flèche et la lyre ; Clio l'invite à écouter les Muses. A ce concert, Mercure convie Meyerbeer, Rossini, Herold, Auber, Boïeldieu, Méhul, et Mozart qui s'entretient avec Erato. Dans un coin de ce *Parnasse,* Baudry s'est représenté en compagnie de son frère Ambroise et de Charles Garnier.

Dans *les Poètes civilisateurs,* Homère célèbre les dieux, Hésiode enseigne les lois de travail aux laboureurs, Achille conduit les héros.

Puis, la musique est symbolisée, magnifiée sous ses formes diverses. Musique guerrière : l'assaut où s'entretuent des guerriers nus dans une mêlée formidable à laquelle préside la déesse rouge dont le vêtement écarlate, suivant les jolies expressions de M. Emile Bergerat, ensanglante le ciel. Musique pastorale : les bergers aux mœurs antiques. Musique religieuse : le Rêve de Sainte Cécile qu'on a reproché à Baudry comme en contradiction avec un ensemble mystique et païen. Musique apaisant la douleur : Saül et David. Musique apaisant la mort : Orphée et Eurydice.

La Danse est également et avec raison poétisée par les thèmes célèbres et renouvelés par le génie de Baudry : Jupiter et les Corybantes; Salomé, une Salomé, cruelle et mystérieusement redoutable, devant Hérode; Orphée et les Ménades.

Huit panneaux sont consacrés aux *Muses.* Baudry en s'inspirant de la tradition, les a cependant modernisées, en reproduisant les traits de quelques femmes célèbres de son temps.

Enfin, l'invention des instruments de musique est glorifiée par des *Enfants,* dans des médaillons. Théophile Gautier préférait ces Enfants de Baudry à ceux du Corrège qui, à Parme au couvent de Saint-Paul, décorent la salle des Bains de Diane. Chaque pays a ses instruments. La Grèce a la lyre et la syringe, l'Egypte la sestre et la harpe, la France le fifre, le clairon et le tambour, etc...

VII. — DIANE AU REPOS.

(Musée de Chantilly.)

Baudry aimait peindre les sujets mythologiques qui se prêtent si bien à la décoration et où il pouvait s'abandonner librement à son goût des chairs blondes, des lumières vibrantes et des couleurs chaudes.

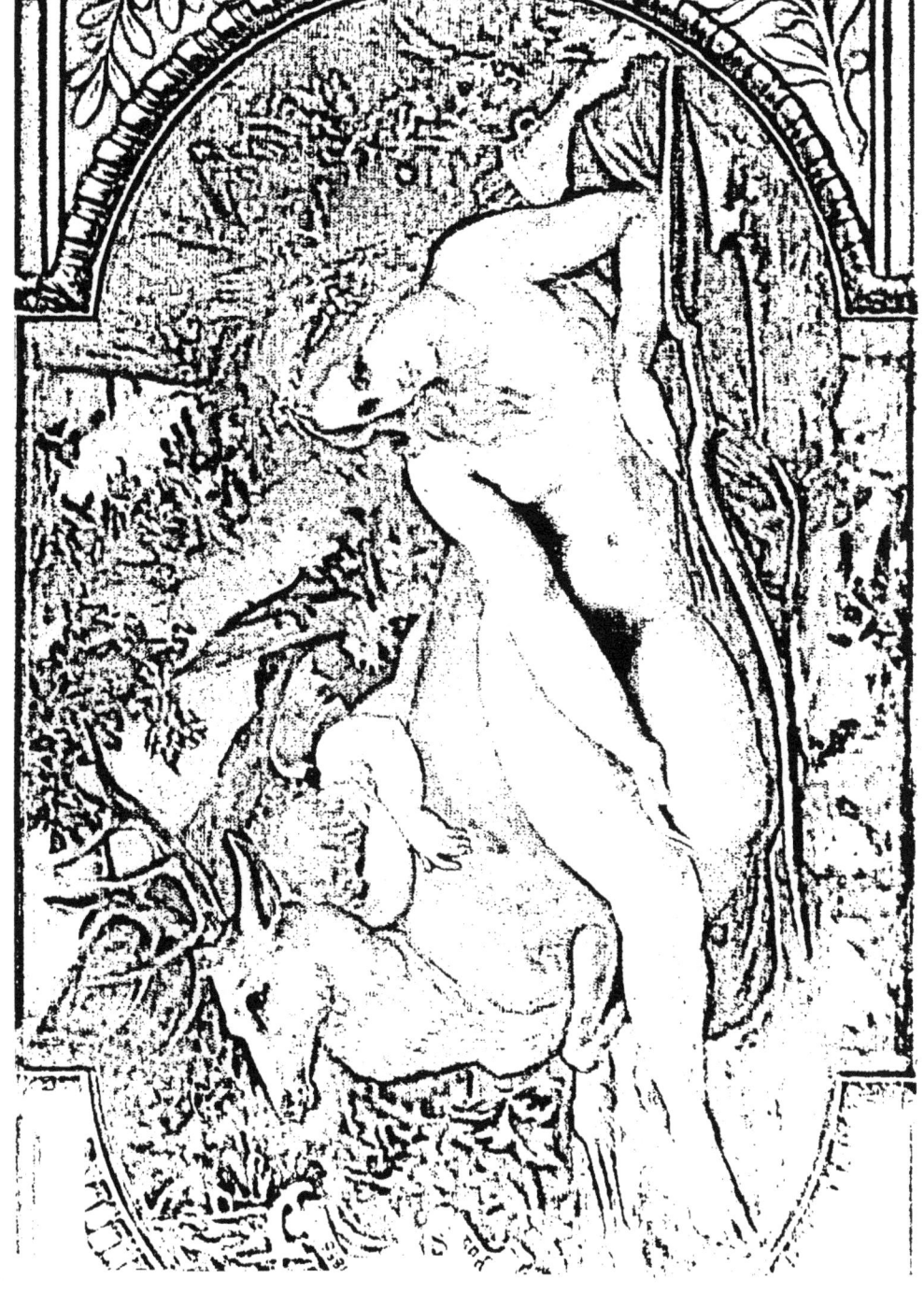

Telle est cette œuvre immense qui fait tant de gloire à notre école du dix-neuvième siècle. Elle faillit être compromise par les exhalaisons de gaz. Georges Berger signalait ce danger dans *les Débats* et Baudry tremblait à cette pensée. " Je serais à l'Opéra comme une hirondelle dans le ciel sans ce ver rongeur hydrogène-sulfuré ". La lumière électrique fut installée en 1885. Mais si le péril est conjuré, l'éclairage n'en demeure pas moins assez défectueux.

Dans sa belle décoration de la Cour de Cassation, Baudry s'est efforcé, tout en conservant la noblesse classique, de rajeunir des symboles démodés. Il n'a pas craint de conserver dans ce cadre austère toutes les séductions enchanteresses de sa palette. " Je ne sais pas, disait-il spirituellement, de meilleure manière de glorifier la Loi pour un peintre qui n'est tenu d'être ni un légiste, ni un pédant, que de la rendre agréable et de lui conquérir des amoureux. "

Baudry représente donc la Loi qui doit sévir, mais qui sévit à regret. Elle siège devant le frontispice d'un temple, elle commande à la Jurisprudence. La Justice et l'Équité veillent dans les airs. L'Autorité est représentée par un magistrat qui salue la Loi. Il est assisté par la Force couchée sur un lion et protégeant un enfant endormi, l'innocence.

Ces ouvrages d'une si haute maîtrise, en avivant le regret que nous avons de ne point posséder la Jeanne d'Arc qu'il rêvait ne doivent point nous faire oublier des compositions savantes comme *la Vision de Saint Hubert,* à Chantilly, où, à l'aide de nombreux documents archéologiques des plus curieux, il fait revivre l'art pittoresque des Primitifs, les plafonds lumineux des *Noces de Psyché*, opalines, argentées et rosées, ou cet autre et complet chef-d'œuvre, *l'Enlèvement de Psyché* où, dans un ciel matinal, Zéphyr semble nous ouvrir les routes de l'infini en même temps qu'il guide Mercure enlevant Psyché, à travers l'azur, dans sa robe améthiste (1884, Chantilly).

C'est cette sensation d'être transporté dans un monde idéal que nous laisse en somme toute l'œuvre décorative d'un artiste qui, à l'invitation de ses maîtres italiens, s'était consacré entièrement à la tendre et sublime expression de la beauté consolatrice.

L'ART DE BAUDRY.

Il est bien difficile de pénétrer les secrets d'un peintre; ils tiennent d'abord à sa nature, au tempérament, ensuite à ses habitudes, à sa méthode, à ce qu'on pourrait appeler, si le mot n'était trop souvent employé en mauvaise part, à ses procédés.

A la fois ardent et concentré, Baudry, ce virtuose de la couleur, ne laisse rien au hasard. Il bâtit en quelque sorte toutes ses œuvres avec un soin minutieux. Eugène Guillaume le montrait soucieux de mettre les couleurs dans un ordre spécial sur sa palette : à droite, les rouges et les bruns; au centre, les blancs et les jaunes; à gauche, les bleus et les noirs; au-dessous, les mélanges. Il vivait parmi la couleur avec le pinceau, le couteau à palette, le manche de la brosse et aussi avec ses doigts.

Mais si sa technique ne laisse rien au hasard, s'il accumule pour chaque ouvrage les matériaux d'ordre matériel, s'il ne néglige rien, pour atteindre la perfection du métier, Baudry est continuellement un penseur. On sent qu'il possède à la fois l'histoire et la légende et qu'il interprète largement et mélodieusement. On a remarqué à juste titre que la nature lui apparaissait toujours dans une donnée élégante. Mais, malgré sa culture raffinée, il ne l'abandonne jamais. De là son autorité.

" Inspirez-vous de la nature, conseillait-il, faites seulement les choses que vous voyez; la source de beau est parfaite comme Dieu ; c'est ce qui fait de l'art une si grande chose ".

Il est vrai que Baudry savait la chercher et la découvrir, cette source du beau. Sur ce point, il n'admettait guère les concessions. On lui offrit un jour de faire le portrait d'une dame extrêmement riche. " Attendez, répliqua-t-il, que je l'aie vue sans être vu d'elle. "

Sans doute, il eut de plus en plus la préoccupation de séduire le regard et cette préoccupation a pu quelquefois lui nuire comme dans *la Madeleine repentante,* mais n'a-t-il pas conservé toujours toute la vigueur, toute la précision du dessin? S'il a pu abuser du trait cursif, s'il est souvent audacieux dans les raccourcis, si sa conception de la perspective

semble en certains cas téméraire, comment
oublier la nature même de son œuvre essen-
tiellement décorative? Comment oublier, ainsi
que l'a parfaitement constaté M. Charles
Ephrussi, que Baudry a établi en de magis-
trales démonstrations les lois nouvelles de
l'ordonnance des groupes et des couleurs dans
la pleine lumière, et que, par là, en agrandis-
sant le champ de la peinture monumentale, il a
singulièrement enrichi l'art national?

Le peintre de *Léda*, de *la Perle et la Vague*
ne pouvait pas, ne devait pas se désintéresser
de la destination particulière de certains de
ses ouvrages. Il convient de ne jamais les sé-
parer du décor spécial ou ils étaient appelés
à figurer. Il est indispensable de se rappeler
leur rôle, leur but.

Et alors on s'étonne de la prodigieuse expérience de ce grand poète du coloris qui excelle
dans les plus adorables visions printanières. On

VIII. — PORTRAIT DE MADELEINE BROHAN.

(Musée du Luxembourg.)

La ravissante artiste, dont la réputation fut si grande à la fin du second Empire, ne pouvait trouver un meilleur interprète de sa physionomie spirituelle et de sa beauté réfléchie Baudry en a fait un portrait qui est un chef-d'œuvre.

admire la main experte qui, en distribuant le grand jour, ne néglige ni le relief, ni le modelé.

La fermeté volontaire de sa conception jusque dans les moindres de ses ouvrages ainsi que la grâce captivante et rayonnante dont se pare dès sa maturité chacune de ses toiles ne lui interdisent d'ailleurs point la variété.

C'est le même artiste qui trouve les tons les plus savoureux pour les chairs de ses déesses très humaines, de ses purs et jolis enfants, qui parcourt toute la gamme des bruns pour le portrait de Charles Garnier et qui tire des étoffes un arrangement, un motif nouveau de décoration dans ses peintures pour la Cour de Cassation.

Sans doute, le naturalisme de Baudry qui a pu être comparé à celui d'un Masaccio ou d'une Ghirlandajo est sans cesse idéalisé par sa manière d'approfondir les sujets et d'énoncer, on dirait presque par la seule vertu des couleurs, un symbole.

Mais il ne tombe jamais dans la chimère et se préserve toujours de toute futilité par la solidité du plan et de la facture.

Baudry ne croyait à la vérité du symbole et de l'allégorie qu'en les appropriant à des données réelles et vitales. Il se condamnait à copier *la Charlotte Corday* de Hauer avant de songer à la sienne.

De même, il multipliait les croquis où il insérait des notes, des fragments d'idée, toute sorte de possibilités picturales et copiait les antiques enluminures avant d'entreprendre directement ses compositions pour la Jeanne d'Arc qu'il rêvait à la gloire de son pays plus encore qu'à la sienne.

Cependant la puissance de son imagination en quelque sorte métaphysique, sa volonté d'approfondissement, son goût passionné pour l'azur et l'immatériel lui interdisaient les sujets strictement historiques, ou ceux qui relèvent de la froide observation.

On peut dans un modèle quelconque exprimer le caractère, l'âme, et c'est du reste la raison pour laquelle Baudry fut un portraitiste supérieur auquel on dut rendre de nouveau justice. Dans un paysage déterminé et surtout dans l'évocation des gestes des personnages qui ont existé et qui ont possédé leur physionomie particulière, le sens de l'allégorie supérieure risquant d'anéantir les vérités nécessaires.

Il n'y a donc pas lieu de s'étonner que Baudry ait renoncé au projet de tableau conçu pendant l'un de ses voyages en Egypte : Hérodote s'entretenant avec des prêtres égyptiens au bord du lac de Memphis.

Baudry qui aimait la tradition dans ce qu'elle a de permanent et d'efficace avait besoin pour travailler d'exaltation et de ferveur.

Il savait voir, mais il savait aussi mettre de la splendeur ou de la délicate noblesse dans sa vision.

Le petit ménétrier de village qui avait le goût de la cadence musicale conserva toute sa vie le sens profond de la mélodie, des tonalités douces.

Le peintre du Foyer de l'Opéra apparaît comme le musicien éthéré des couleurs idéales qui nous arrachent pour notre ravissement aux exigences souvent basses de la vie matérielle, qui nous font planer au-dessus des misères terrestres.

Telle est la vertu de l'art en général et telle est en particulier la formule caractéristique de l'œuvre de Baudry.

Lors de l'inauguration du monument élevé, au Père-Lachaise, à la mémoire de Paul Baudry par la piété d'un frère chéri, de ses amis et admirateurs, Larroumet, disparu trop tôt également, après les hommages rendus aux vertus de l'homme privé, à la noblesse de son caractère, à son désintéressement, définissait à merveille ce rare et prestigieux artiste, ce Vendéen qui avait su dérober aux grands Italiens leurs beaux secrets, en y ajoutant le charme robuste de sa propre nature.

Il s'exprimait en glorifiant Baudry, dans les termes suivants :

" Nature loyale et libre entre toutes, talent vigoureux et sain où les meilleures qualités de son temps et de sa race, la force d'une ancienne culture et la sève de notre temps s'unissent avec une harmonie accusée par chaque création et qui fait de son œuvre une des plus savantes à la fois et des plus variées et des mieux suivies que nous offre le développement de l'art français ".

Lors de la même cérémonie, Meissonier rappelait également le culte de Paul Baudry pour les Italiens et en particulier pour Raphaël.

" Il arrive à Pérouse, et parle de Raphaël : Et moi, dit-il, obscur et inconnu, je viens aug-

menter le nombre des pèlerins qui vont, cherchant et baisant les traces de ce divin génie;
lui qui est dans le ciel, il doit savoir le bouillon-
nement, le sillage d'admiration, d'enthousiame
qu'à laissés sa vie dans le monde : a-t-il encore
près de Dieu le pouvoir de disposer de ses
facultés admirables qui l'ont fait tant aimer
des hommes; qu'il me fasse pour l'avenir l'aumône d'un seul denier de son trésor... Baudry
l'a eu largement, ce denier; ces grands génies
lui ont parlé, et, de cette communion fervente
il est sorti armé, non asservi, ayant pris des
forces nouvelles, mais restant Français, bien
Français toujours... "

Ce jugement que Baudry est à nous, bien à
nous, malgré cette sorte de filiation dont il
était fier avec les grands peintres d'Italie a
été exprimé aussi en excellents termes par
M. Delaborde: " Talent de haute race, disait-il,
mais talent de race toute française, en ce sens

qu'il procède du goût, de la raison, de l'étude profondément réfléchie des condition morales d'un sujet ou de la signification particulière d'un type. Oui, malgré l'originalité extérieure de sa manière, malgré ce qu'il y a d'ouvertement personnel, de nouveau, d'inventé dans les moyens d'expression qu'il emploie, principalement dans le coloris, sa faculté maîtresse, Baudry n'en continue pas moins au fond les traditions essentielles de notre école. Sans rien sacrifier de son indépendance, sans rien abdiquer de ses droits, il reste instinctivement soumis aux influences du génie national, et si l'on peut à juste titre dire de lui qu'il est de son temps par le genre des efforts qu'il a tentés, c'est à la condition de reconnaître aussi que par ses aptitudes innées, par la trempe de son esprit, par les caractères de sa pensée et de son style, il accuse clairement ses origines et que heureusement pour lui comme pour nous, il est bien de son pays. "

Telle est bien l'impression que laissera à la postérité l'œuvre de Baudry lorsqu'elle sera enfin connue comme elle est digne de l'être : c'est-à-dire lorsqu'on pourra l'admirer depuis les ébauches robustes jusqu'aux réalisations les plus amples et les plus touchantes, non seulement au théâtre de l'Opéra et au Palais de Justice, mais encore, et il convient d'y revenir et d'y insister, au Musée du Louvre, dans une salle française et moderne quoique très proche des plus exquis chefs-d'œuvre de la Renaissance italienne.

Lightning Source UK Ltd.
Milton Keynes UK
UKHW021647200219
337573UK00004B/227/P